OLÁ, AMIGUINHO! SEJA MUITO BEM-VINDO. A TURMA DA VILA ABOBRINHA ESTÁ ESPERANDO PARA APRENDER E SE DIVERTIR BASTANTE COM VOCÊ. VAMOS LÁ?

DONA MAROCAS VEIO APRESENTAR AS FORMAS GEOMÉTRICAS À TURMINHA. QUE TAL COMPLETAR OS TRACEJADOS DESSAS FIGURAS?

CÍRCULO

TRIÂNGULO

RETÂNGULO

QUADRADO

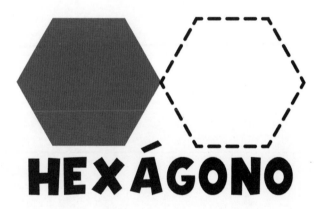

HEXÁGONO

LOSANGO

AGORA, VAMOS PRATICAR! ESTE É O **CÍRCULO**.
VEJA COMO SE ESCREVE A PALAVRA E,
DEPOIS, DESENHE SUA FORMA.

CÍRCULO

Círculo - Círculo

Círculo - Círculo

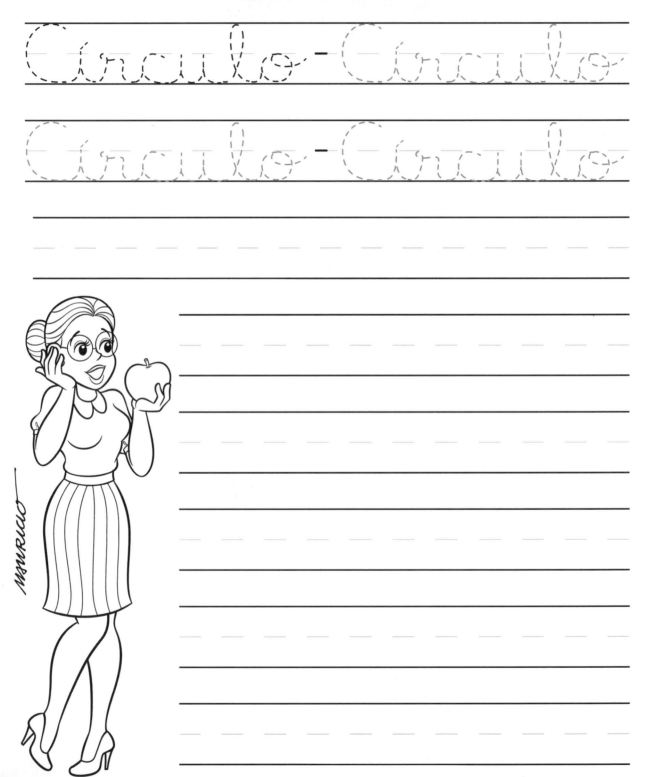

ROSINHA APRENDEU A ESCREVER A PALAVRA "**TRIÂNGULO**" E, DEPOIS, A DESENHAR SUA FORMA. MOSTRE A ELA QUE VOCÊ TAMBÉM JÁ SABE SEGUIR OS TRACEJADOS!

TRIÂNGULO

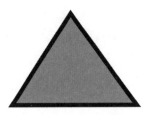
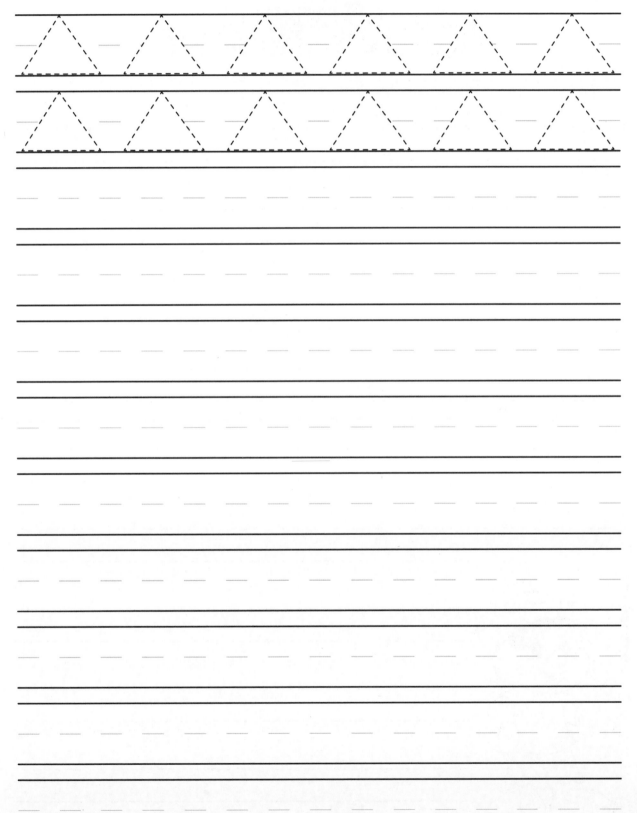

CHICO BENTO JÁ SABE ESCREVER A PALAVRA "RETÂNGULO" E DESENHAR ESSA FORMA GEOMÉTRICA. MOSTRE A ELE QUE VOCÊ TAMBÉM JÁ APRENDEU!

RETÂNGULO

Retângulo Retângulo

Retângulo Retângulo

Retângulo Retângulo

Retângulo Retângulo

HIRO APRENDEU A MAIS FAMOSA DAS FORMAS GEOMÉTRICAS: O **QUADRADO**! ELE VEIO MOSTRAR A VOCÊ COMO ESCREVER O NOME DESSA FIGURA E DESENHÁ-LA!

QUADRADO

Quadrado Quadrado

Quadrado Quadrado

Quadrado Quadrado

Quadrado Quadrado

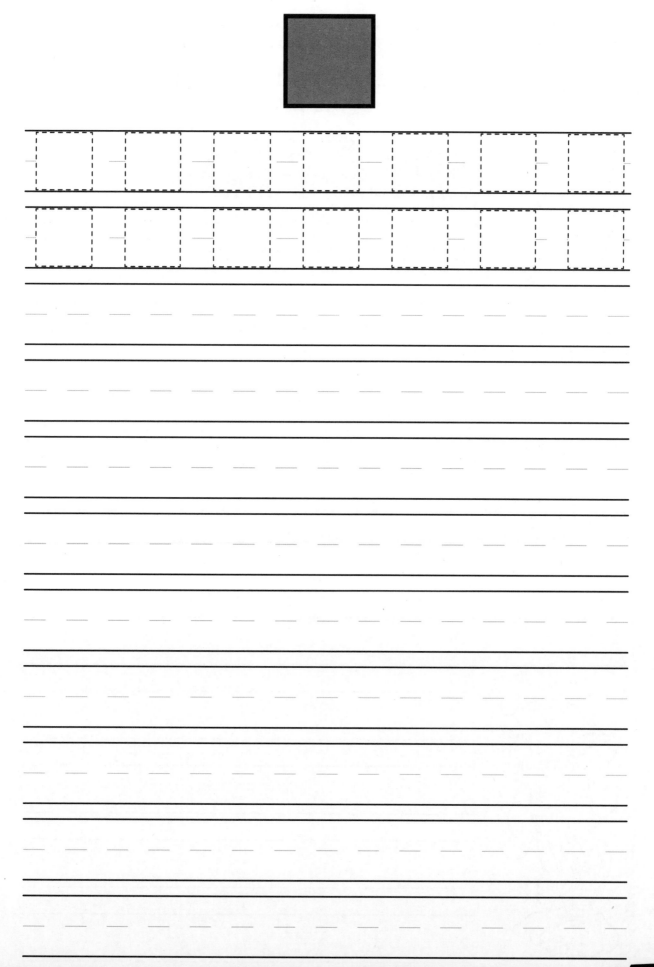

PARECE QUE O ZÉ LELÉ ESTÁ COM DÚVIDA PARA COMPLETAR OS TRACEJADOS DO **HEXÁGONO**. QUE TAL AJUDÁ-LO NESSA TAREFA? MOSTRE A ELE QUE VOCÊ JÁ SABE ESCREVER O NOME E DESENHAR ESSA FORMA GEOMÉTRICA.

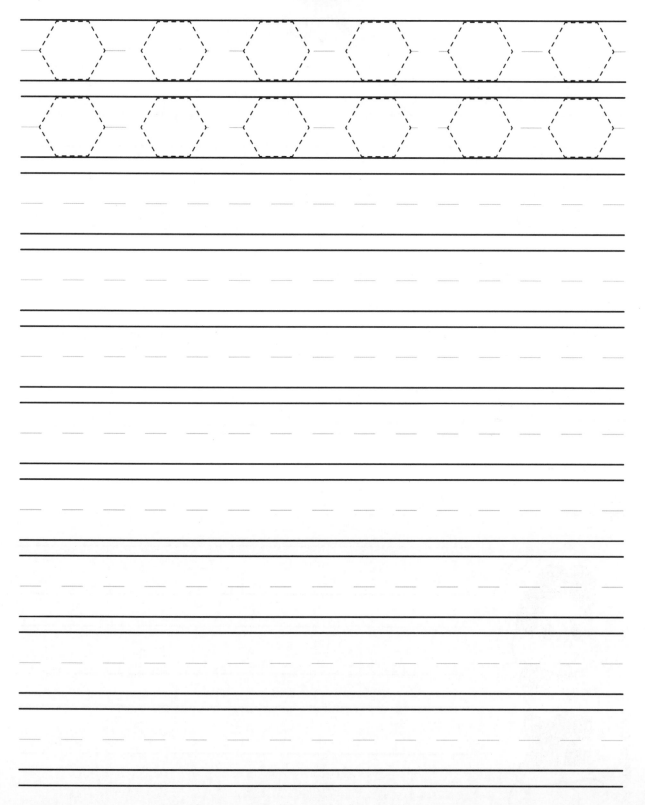

ZÉ DA ROÇA DESCOBRIU UMA FORMA GEOMÉTRICA DIFERENTE, O **LOSANGO**, E QUER APRESENTÁ-LA A VOCÊ! VAMOS COMPLETAR O SEU NOME E DESENHÁ-LA?

LOSANGO

Losango Losango

Losango Losango

Losango Losango

Losango Losango

VAMOS LIGAR CADA FORMA GEOMÉTRICA AO SEU NOME CORRESPONDENTE?

CÍRCULO

TRIÂNGULO

RETÂNGULO

QUADRADO

HEXÁGONO

LOSANGO

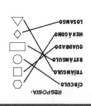

SEUS OLHOS ESTÃO ATENTOS COMO OS DO ZÉ DA ROÇA? ENTÃO, LIGUE OS PARES CORRESPONDENTES.

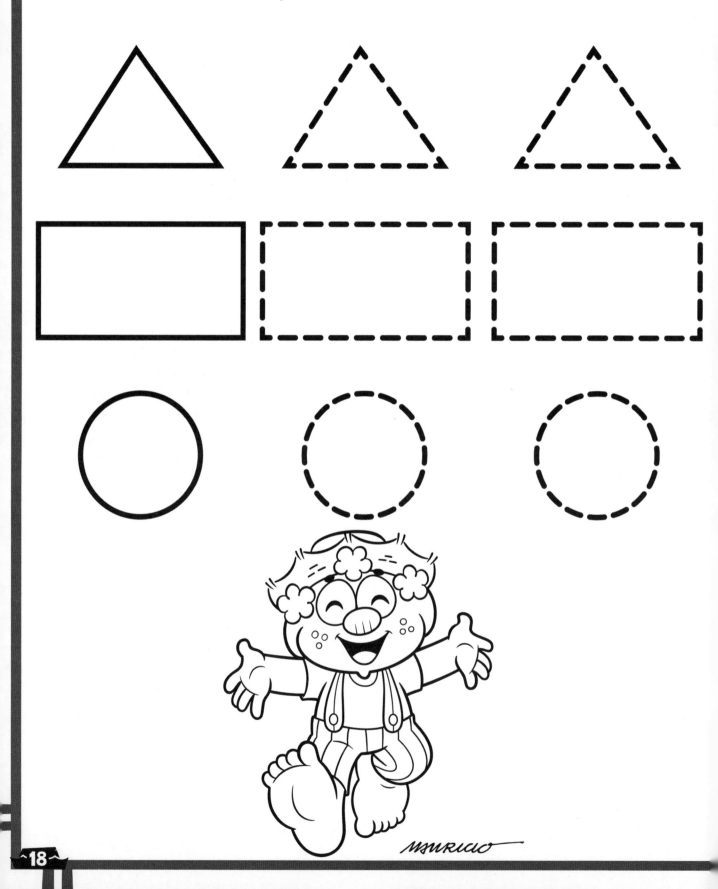

QUE TAL FAZER O MESMO COM AS FORMAS: LOSANGO, HEXÁGONO E QUADRADO?

ZÉ LELÉ QUER SABER: QUANTAS VEZES CADA FORMA GEOMÉTRICA APARECE ABAIXO? CONTE E RESPONDA NOS ESPAÇOS TRACEJADOS.

CHICO CHEGOU COM UM NOVO DESAFIO: PINTAR CADA FIGURA SEM REPETIR AS CORES NAS FIGURAS ACIMA, AO LADO E ABAIXO!

CHICO BENTO E ZÉ DA ROÇA VÃO FAZER A COLHEITA DO DIA! QUAL É O CAMINHO QUE VAI UNIR OS AMIGOS E QUE CONTÉM A SEQUÊNCIA DE UMA ÚNICA FIGURA GEOMÉTRICA?

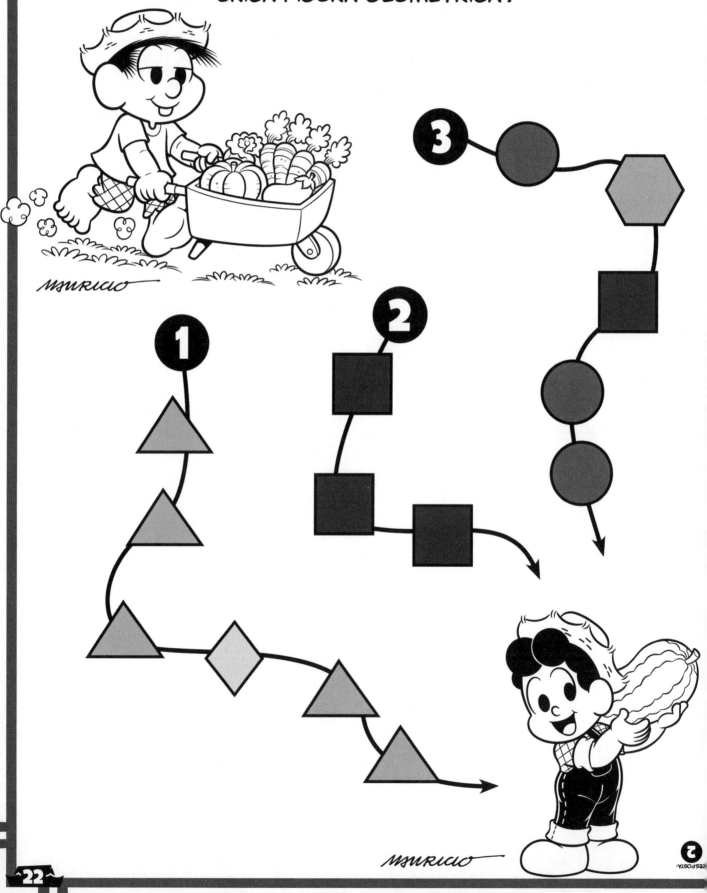

VAMOS SOLTAR A CRIATIVIDADE? CRIE UM DESENHO BEM BONITO PARA O CHICO BENTO, USANDO SOMENTE AS FORMAS GEOMÉTRICAS QUE VOCÊ APRENDEU!

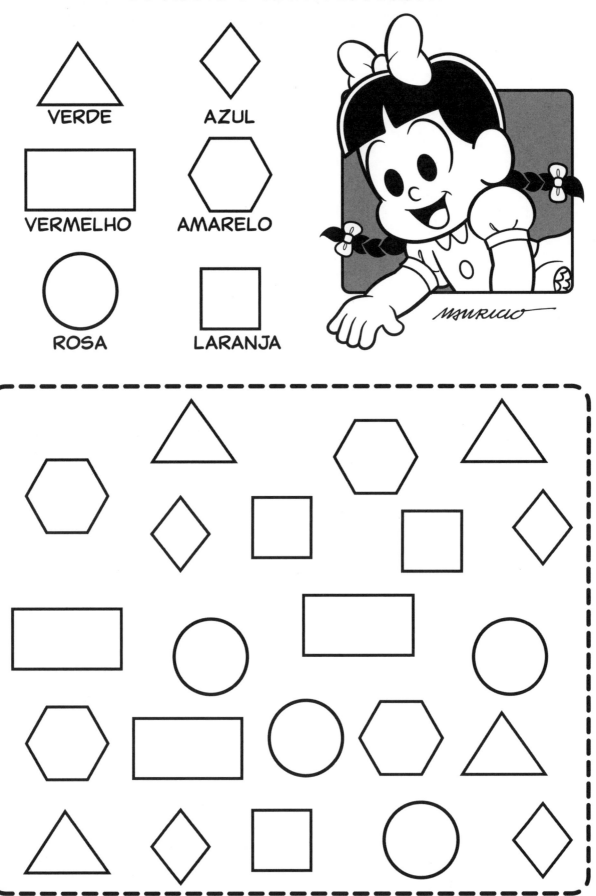

QUANTOS TRIÂNGULOS ABAIXO **NÃO** ESTÃO LIGADOS A NENHUM OUTRO? CONTE E ESCREVA A RESPOSTA NO ESPAÇO INDICADO.

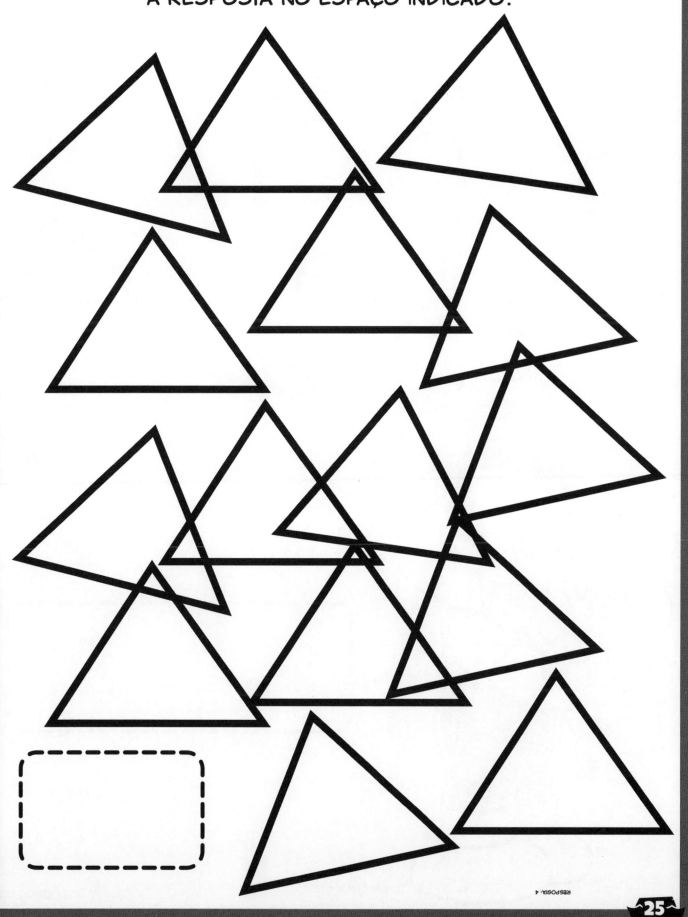

SIGA A LINHA PARA FORMAR O NOME DE UMA FORMA GEOMÉTRICA.

RESPOSTA: HEXÁGONO

VAMOS LIGAR CADA FORMA GEOMÉTRICA À SUA METADE CORRESPONDENTE?

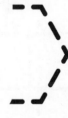

COMPLETE A CRUZADINHA COM O NOME DE CADA FORMA GEOMÉTRICA.

TRIÂNGULO
QUADRADO
RETÂNGULO
CÍRCULO
LOSANGO
HEXÁGONO

DESENHE NO ESPAÇO EM BRANCO UM OBJETO QUE TENHA A MESMA FORMA GEOMÉTRICA REPRESENTADA AO LADO.

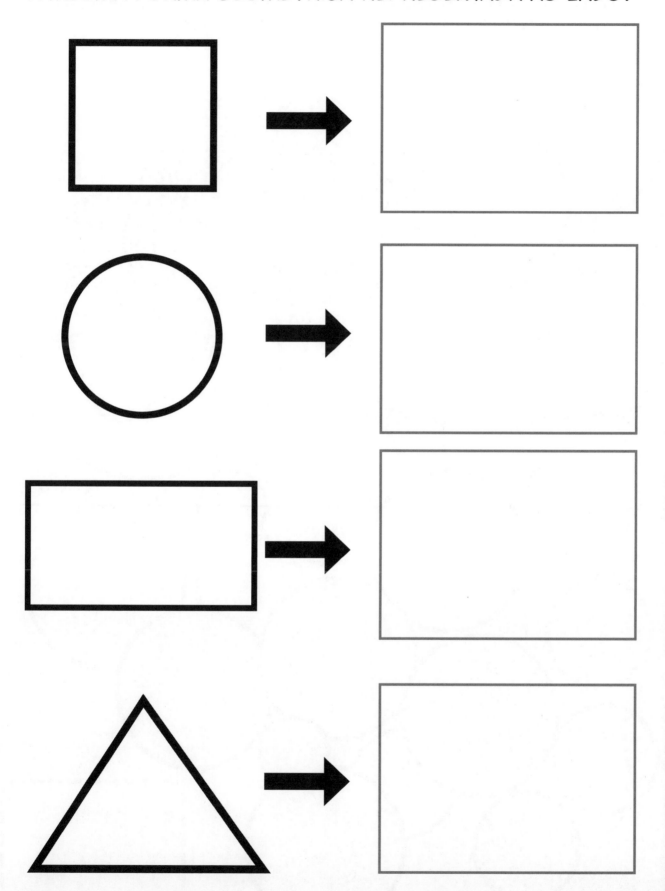

VOCÊ SABIA? O BALANÇO DO ZÉ LELÉ TEM O FORMATO DE UM CÍRCULO! AGORA, AJUDE-O A CONTAR QUANTOS CÍRCULOS EXISTEM NA IMAGEM ABAIXO.

ENCONTRE NO CAÇA-PALAVRAS ABAIXO OS NOMES DE ALGUNS OBJETOS QUE TÊM O FORMATO DE UM RETÂNGULO!

```
A P O R T A H H
V S U D E F G E
H Z I K C G F J
T I J O L O D S F
K H E I I N C V Z G
J Ã S D V J B N Ç T
E A P C R M N G H H
S V E J O U J K Ã N
T E L E V I S Ã O
Ç U H L C O I L V
H K O B N L L L H
Ã J U R Y S O P U
```

- LIVRO
- TELEVISÃO
- ESPELHO
- TIJOLO
- PORTA

O CHICO BENTO E A TURMA DA VILA ABOBRINHA ADORARAM APRENDER AS FORMAS GEOMÉTRICAS COM VOCÊ! ATÉ A PRÓXIMA!